Michael von Maruun

ketzeReime

Exponentielle Texte, die niemals
hinterfragt werden dürfen

Bibliografische Information der Deutschen Nationalbibliothek:

Die Deutsche Nationalbibliothek verzeichnet diese Publikation in der Deutschen Nationalbibliografie; detaillierte bibliografische Daten sind im Internet über dnb.dnb.de abrufbar.

© 2022 Michael von Maruun

Herstellung und Verlag: BoD – Books on Demand, Norderstedt

ISBN: 9783756862108

panoptikum

teil 1: fiat crux

teil 2: fiat lux

teil 3: bonus

teil 1: fiat crux

2020

dämonen herrschen
panik schleicht durch die gassen
nähe ist tabu
das leben erstickt

virologen diktieren
politiker zittern
kritische stimmen mundtot
blockwarte erwachen

traurige kinderaugen über stofffetzen
masken-zombies allenthalben
ein redakteur tippt dumpf zahlen in seinen rechenknecht
im keller baumelt ein vergessener am finalen strick

kultur nicht systemrelevant
bewegung nach plan
die kleinen krepieren
die großen werden größer

die heilsbringer nahen
dosen voller hoffnung
taschen voller geld
impf-lemminge stürzen los

der intellekt schweigt
angst macht sprachlos
andere probleme klein
die weltrettung aufgeschoben

nichts ist wichtig
...nur die LIEBE

politiker

pfauengleich im eig'nen mief sich drehend
diktatur in maßnahmen verpackend
schwere sessel ausfüllend
empathie verloren

das richtige wissend
das falsche bekämpfend
medien bezahlend
herzen verdorrt

angst schleudernd
zahlen manipulierend
zwang fordernd
seele kaputt

nach silberlingen lechzend
mit dem Parteibuch kopulierend
den plebs verachtend
liebe erloschen

herdentrieb

die herde folgt blöd blökend
angstvoll und vermummt
neuen diktatoren

lechzend nach erlösung
trampeln schaf und schäfin
die lämmer müssen mit

die tiere drängen voller lust
nach vorne zum schafott
das heil ist nun ganz nah

die schlachter wetzen messer
schneiden tief ins fleisch
blutig und final

aus geschlitzten kehlen
gurgelt roter saft
tropft auf kalten stein

kaltes wasser rauscht
spült das elend fort
alles fließt und fließt

heim bitteres heim

einsam lieg ich da
alt und faltig
vergessen von der welt
auf das wesentlichste reduziert

die dunkelheit lugt durchs fenster
ein nachtvogel schreit in der ferne
der tag ist schon vergessen
nichts davon bleibt

sehnsucht nach berührung
die kinder ausgesperrt
nur kalter nadelstahl
dringt in meine haut

plastifizierte helfer
müde und genervt
desinfizieren leben
mechanisch und steril

herr du helfer in der not
lass mich fort aus diesem elend
die kraft ist längst erloschen
ich wär am liebsten tot

kinderschmerz

baumwollgetränkt gurgeln worte des lehrers in die klasse
verebben dumpf an kinderseelen
voller zorn, und angst gebärend
gehorsam erste schülerpflicht

licht fällt durch off'ne fenster
kälte kriecht in kinderkörper
kleine soldaten zittern einsam
der kampf ums leben tötet leben

der pausenhof ein trister ort
planquadratisch aufgeteilt
scharf beäugt von kontrolleuren
der pausenclown ist tot

gestaffelt wird der ort betreten
ohne lachen, ohne scherz
die lehrerschar erzieht die schafe
die eltern bleiben stumm

homeoffice

der bildschirm
sah schon viele tote
digital gemetzelt
nur zum spaß

nun sieht er
schlaffe körper
kinderaugen
voller leid

der lehrer stumpf
die kleinen stumm
die todgeweihten
uns'rer zeit

solidarisch

geimpft, getestet und genesen
reines herz und reines wesen
hilf dir selbst und hilf der erde
sei ein vorbild für die herde

der süße saft, trari, trara
schützt großmama und großpapa
du bist der held, ganz unbestritten
anerkannt und wohlgelitten

verweigerst du die holde nadel
erfährst du schimpf und harschen tadel
die münzen, hart erspart in jahren
als straf' ins portemonnaie des staates fahren

und bist nicht willig du noch immer
kommt's obendrein noch sehr viel schlimmer
der kerker wird dich kalt begrüßen
als ketzer wirst du ewig büßen

hüter der unordnung

die freiheit, hart bedrängt vom bösen
schreitet lauthals durch die stadt
aus tausend kehlen brüllt der zorn
alt und jung vereint im schmerz

tote augen unter helmen
uniformen reih an reih
knüppel in den starren fäusten
gedrillt als knechte des systems

der freund und helfer ist gegangen
maschinengleich wird nun gedient
aufgeputscht durch falsche führer
bejubelt vom gerechten volk

weicht ab der plebs vom rechten wege
spritzt wasser aus dem harten stahl
die hunde beißen böse ketzer
die maskenlos die straßen säumen

im rausch des staatszorns schweigt der stille
hat das gewissen ruhepause
wer es gar wagt nicht mitzumachen
hat ausgedient und wird vernichtet

und wenn der lärm dann auch verstummt
der schrei nach freiheit hallt noch nach
kein schlagstock kann die wahrheit stoppen
das licht besiegt die dunkelheit

postapokalyptisches syndrom

ein trauriger mann
spaziert durch die trümmer seiner seele
verloren in den weiten seines schmerzes
sucht halt wo halt nicht mehr zu finden
und findet doch nur ew'ge leere

hippokrates

irgendwo im nichts
ein längst vergess'nes grab
legendärer spross der asklepiaden
zu staub zerfallen das gewand

der geist bisher in ruhigem schlummer
nun aufgeschreckt in dumpfem schmerz
die morschen knochen knirschen laut
pochen zornig gegen harten stein

der scharfe wind von tausend jahren
weht pfeifend über kalte leiber
der legendäre eid gebrochen
begraben wie sein weiser schöpfer

aus der grauen kalten gruft
tönt leise nur ein wimmernd' klagen
ungehört der weise meister
die epigonen haben keine ohren

sieben laster in fünf episoden

trägheit/völlerei (episode 1)

totengleich auf couch drapiert
bewegung kaum zu sehen
die finger zucken ab und zu
greifen in die salz'ge tüte

fett und fettig liegt er da
hans der arbeitslose koch
zwischen küche, couch und bett
liegt sein allergrößtes glück

die glotze flimmert stund' um stund'
es talken talker ewiglich
das hirn im dauerfeuer glüht
der ausschaltknopf bleibt unberührt

hochmut (episode 2)

akadämliche phantasten
schwurbeln sich in hansens hirn
nennen feind und wissen rat
raubritter der urteilskraft

der unsichtbare feind
läge längst besiegt am boden
hingen alle an der heilen nadel
flösse reichlich neuer saft

geimpfte schimpfen im akkord
über ungeimpften pöbel
zornig solidarnosc fordernd
pandemie der unbeugsamen

jähzorn (episode 3)

die frau beim bügeln nebenan
hört, was aus dem kasten schallt
der göttergatte, dieser affe
nicht geboostert, nicht geschützt

der bügelmutti reicht es nun
sie packt den dicken hans am kragen
schleift ihn fort mit aller kraft
hin zu dem zentrum impfesglück

schimpfend, zeternd, polternd
treibt sie ihren schlaffen hans
hinein ins haus, das heil verspricht
der wartesaal ist prall gefüllt

habgier/missgunst (episode 4)

der verdutzte dicke mann
sitzt nun ganz verdattert
im wartesaal und harrt der dinge
die ehefrau hat ihn im blick

nebenan in einer kammer
schwitzt der impfarzt immer wilder
jeder pieks füllt seine börse
im akkord setzt er die nadel

die ganze welt möchte' er jetzt impfen
scheine flattern vor den augen
mit groll schaut er zum nebenarzt
gönnt ihm nichts, erhöht das tempo

wollust (episode 5)

hans sitzt nun bei dr. speed
wartet auf informationen
doch der arzt hat keine zeit
zwei worte, eine unterschrift

der arzt hält bebend eine spritze
die nadel glänzt im lichterstrahl
lustvoll wird der saft gespeichert
für den kommenden erguss

der stahl dringt ein in hansens fleische
der halbgott stöhnt ganz leis
der saft fließt reichlich in die wunde
der himmel ist ganz nah

hetzer und ketzer

gegen alle hetzer
reimt der wilde ketzer
ketzerreime reimen nicht
geimpfte kinder weinen nicht

düsternis

essenz des schmerzes
aus tausend tränen destilliert
gesammelt im kelch der hoffnungslosigkeit

wortlosgottesdienst

einzeln schleicht man
in den dom
pfeile weisen
den rechten weg

wo einst
geweihtes wasser war
ruht gel zum reinigen
der sünd'gen hände

schilder befehlen
abstand und maske
das volk verhüllt
sklaven eines anderen gottes

auf dem altar
desinfiziert
die bibel
unverstanden

schwarz gewandet
steht der pater
blitzenden auges
auf der kanzel

worte wogen
herab aus der höh'
die hölle wartet
auf alle ketzer

handbeschuht
wird brot verteilt
mund geschlossen
hand empfängt

der friedensgruß
ungesprochen
der klingelbeutel
ruht im schrank

ungesehen
das kreuz
gottes lamm
weint eine träne

die große pause

die ohren hören
leise stimmen
auf dem hof

die augen sehen
bleiche gespenster
ohne leben

das herz fühlt
unendliche trauer
unterm kirschbaum

zukunft war gestern

ein mädchen
düsternis um die lippen
die puppe
fest umkrallt

einsam
in der guten stube
der ofen
erkaltet

die große mutter
alt und weise
eingesperrt
und unbesucht

das leben
ehedem erträglich
nun tiefschwarz
und tot

tag der arbeit 2022

suspendiert
vor die tür gesetzt
ausgesperrt
von wahnsinnigen

die kranken sind drinnen
gespritzt
getestet
schafsgleich

alte welt verblasst
neues entsteht
im kreis der freunde
fließen seelen zueinander

suspendiert
raus aus dem system
frei, frei...geliebt

coronaspaziergang

tote wandeln
durch die straßen
bleiche leiber
ohne seele

vereint im wahn
des ew'gen lebens
im stechschritt
in den untergang

verdorrtes herz
im stacheldraht
der lebenssaft
ist ausgepresst

ein lachen
aus der alten welt
hallt leise noch
in manchem ohr

mutter?

wo warst du
als man mir eine maske aufzwang
und mein atem zu ersticken drohte?

wo warst du
als man mir einen stab in die nase rammte
und mich wie vieh in den kindergarten trieb?

wo warst du
als die angst in meinen kopf kroch
und ich vor einsamkeit verging?

wo warst du
als man mir die kindheit raubte
und ich dich so sehr brauchte?

wo warst du
MUTTER?

WO WARST DU?

der spiegel

aus faltig gelber lederhaut
blicken tote augen
kalter hauch trübt ebenbild
späte tränen fließen

im hintergrund an edler wand
ein arztdiplom aus alten zeiten
stolz beäugt an manchem tag
nun stachel im toten menschenfleisch

die hände liegen schlaff am körper
einst begnadet schnitt um schnitt
nun mit schuld und schand' beladen
die silberlinge brennen tief

der sargmacher

schweißgebadet steht er da
schwingt den hobel meistergleich
späne fliegen im akkord
leim und nägel warten

drauß' im hof im sonnenlicht
stapeln sich die bretter
holz um holz wird aufgeschichtet
mehr und mehr an jedem tag

meist ungerührt wie schon seit jahren
fließbandgleich von früh bis spät
zimmert er finale kisten
für die letzte reise

nur ab und zu hält er kurz inne
wenn ein kindersarg zu schaffen
eine bitt're Träne
tropft klagend dann auf totes holz

teil 2: fiat lux

metamorphosis I

die propheten
sind gegangen
knochen aus der alten welt
bleichen in der sonne

leichengeruch
von tausend führern
beißend und zersetzend
kündet eine neue zeit

aus dreck und moder
schutt und stein
erhebt sich reine liebe
dünger für die neue welt

lichtblick

ein funke hoffnung
pochend
nie verglommen
lechzend nach dem feuer

tief im dunkeln
eingeschlossen
wie ein totes tier
im güld'nen bernstein

aus dunkler kerkerhaft
steigt er empor
die felsen gesprengt
hinauf ins licht

die ketzer von einst
essenz der seelen
schauen stumm
den weißen riesen

viele gegangen
viele gebrochen
neue zeit
neue welt

der dunkle fürst
gefall'ner engel
liegt erschlagen
im höllenblut

der wind des wandels
weht beständig
stund' um stund'
tag für tag

die macht des lammes
ungebrochen
bist du bereit
für die neue welt?

metamorphosis II

es gibt tage
da legt sich die verzweiflung
wie ein bleiernes joch
auf deine schultern

es gibt tage
da tropft fäulnis
aus morschen gliedern
schwarz und unheimlich

es gibt tage
da kriecht der schmerz
eines ganzen zeitalters
tief in deinen körper

es gibt eine zeit
da fließt der strahl
des ewigen lichtes
durch deine göttliche seele

es gibt eine ewigkeit
da bist du daheim
geborgen im schoss
des einen gottes

fließend

altes tropft zäh
aus wunden körpern
auf todgeweihte erde

sammelt sich
verharrt kurz
zerfließt ins nichts

neues tropft beständig
aus lichten seelen
auf heilige erde

rinnsale
fließen ineinander
sublimiert zu reiner liebe

teil 3: bonus

essen bei luigi

der abendwind macht seine runde
ein neuer gast klopft forschend an
der mann am tore prüft das grüne
der eintritt ist erlaubt

ein wüst verhüllter kellnerzombie
der einz'ge, der noch dienen darf
schlurft müd herbei aus dunkler ecke
und deutet stumm zu einem tisch

des gastes frau ist nicht dabei
grün hat sie noch nie gemocht
der gatte muss alleine speisen
das weib wird still verflucht

der kellner bringt die speisekarte
desinfiziert und virenfrei
bestellt gegessen und bezahlt
der speiseplatz ist wieder leer

die trattoria liegt im schweigen
der wirt sitzt dumpf in stillem schmerz
nur wenig gabeln klappern traurig
jüngstes gericht wird bald serviert

der virolog'

die nacht vorbei, der hahn erwacht
der virolog' hat durchgemacht
fleißig zahlen recherchiert
die ihm das netz hat präsentiert

hat inzidenzen neu gemixt
ach herrjeh und auch verflixt
nun ist ihm plötzlich sonnenklar
die gruppe zett ist in gefahr

im zeitraum 11, der folgt auf 10
ist eine steigerung zu sehn
die kurve in die höhe schießt
die laune ist ihm arg vermiest

er stapft verdrossen durch die kammer
ein bild von elend, leid und jammer
nicht ganz jung und eher fett
ist er ein teil der gruppe zett

chinesen, araber, bulgaren
die ganze welt muss es erfahren
schickt herolde in alle länder
warnt zeitungen und fernsehsender

er tippt und schreibt und weint und schreit
für müßiggang bleibt keine zeit
ein krieger der medialen schlacht
sein tagewerk ist nun vollbracht

der abend senkt sich bitter nieder
der virolog' streckt seine müden glieder
voll glück er sich zur ruhe bettet
aufs neu' hat er die welt gerettet

der journalist

zahlen im sekundentakt
geimpft, genesen, test und tod
das hirn im modus ruhezeit
die finger flitzen flott dahin

es wacht der chef an seiner seite
kein iota dessen blick entkommt
zensur im hirn wird selbst verordnet
blindheit ist ein hehres gut

schwarze herzen, schwarze tinte
der satan führt die feder
das leservolk lechzt nach dem bösen
guillotin' und pranger fordernd

der staat befiehlt mit frischen scheinen
was der leser lesen darf
die spalten eng bedruckt mit angst
im rausch der breaking news gefangen